MW00898847

Made in the USA
Las Vegas, NV
14 August 2023

76072613R00057